BEI GRIN MACHT SICH IHR WISSEN BEZAHLT

- Wir veröffentlichen Ihre Hausarbeit,
  Bachelor- und Masterarbeit

- Ihr eigenes eBook und Buch -
  weltweit in allen wichtigen Shops

- Verdienen Sie an jedem Verkauf

Jetzt bei www.GRIN.com hochladen
und kostenlos publizieren

Manuel Kröger

Die Figuren Franz und Karl in der Vorrede zu Friedrich Schillers "Die Räuber"

Erläuterungen vor dem Hintergrund des Menschenbildes der Aufklärung

GRIN Verlag

Bibliografische Information der Deutschen Nationalbibliothek:

Die Deutsche Bibliothek verzeichnet diese Publikation in der Deutschen National-
bibliografie; detaillierte bibliografische Daten sind im Internet über http://dnb.d-
nb.de/ abrufbar.

Dieses Werk sowie alle darin enthaltenen einzelnen Beiträge und Abbildungen
sind urheberrechtlich geschützt. Jede Verwertung, die nicht ausdrücklich vom
Urheberrechtsschutz zugelassen ist, bedarf der vorherigen Zustimmung des Verla-
ges. Das gilt insbesondere für Vervielfältigungen, Bearbeitungen, Übersetzungen,
Mikroverfilmungen, Auswertungen durch Datenbanken und für die Einspeicherung
und Verarbeitung in elektronische Systeme. Alle Rechte, auch die des auszugsweisen
Nachdrucks, der fotomechanischen Wiedergabe (einschließlich Mikrokopie) sowie
der Auswertung durch Datenbanken oder ähnliche Einrichtungen, vorbehalten.

Impressum:

Copyright © 2012 GRIN Verlag GmbH
Druck und Bindung: Books on Demand GmbH, Norderstedt Germany
ISBN: 978-3-656-52979-8

Dieses Buch bei GRIN:

http://www.grin.com/de/e-book/263710/die-figuren-franz-und-karl-in-der-vorrede-
zu-friedrich-schillers-die-raeuber

Ludwig-Maximilians-Universität München

Erläuterungen zu den Figuren Franz und Karl in der Vorrede zu Friedrich Schillers DIE RÄUBER vor dem Hintergrund des Menschenbildes der Aufklärung

Referat

Theaterwissenschaft
WiSe 2011/2012
Zum Menschenbild der Aufklärung

Autor: Manuel Kröger

Die Räuber – ein Sturm-und-Drang-Stück – schrieb Friedrich Schiller 1781, in der späten Phase der Aufklärung, und er lässt damit den in der Aufklärung so wichtigen Begriff „Verstand" in einem neuen Licht erscheinen. Bisher wurde der Verstand als das wirksamste Mittel des Menschen, Vernunft zu erlangen, angepriesen. Kant formulierte es repräsentativ: „Habe den Mut, dich deines eigenen Verstandes zu bedienen!" Schiller jedoch wollte am Beispiel der Räuber Karl und Franz Moor den Menschen buchstäblich vor Augen führen, dass der Verstand nicht nur zum Erlangen von Tugend, sondern auch zum Durchsetzen von Lasterhaftigkeiten verwendet werden kann. [1]

Das Werk ist ein Lehrtheater mit moralischem Gehalt[2], so wie Gottsched sich aufklärerisches Theater dachte, jedoch folgt es nicht den Regeln der von den Aufklärern geforderten Französischen Klassik, die die aristotelische Regel der drei Einheiten – Zeit, Ort, Handlung – beinhaltete.[3] Schillers Drama umfasst einen Zeitraum von 2 Jahren anstatt von maximal 48 Stunden – da ein Mensch innerhalb von solch einer kurzen Zeit nicht wirklich kennengelernt werden kann, und darum geht es Schiller[4] –, die Handlungsorte wechseln ständig und sind in weiter Entfernung zueinander. Desweiteren wird die Ständeklausel nicht eingehalten: Karl ist adeliger Herkunft, begibt sich aber in die untere Gesellschaft, indem er Räuber wird. Die Dramengattung „Tragödie" jedoch, welcher *Die Räuber* angehört, darf nach Aristoteles nur einen adeligen Protagonisten aufführen.

Schiller versuchte, die Aufklärer über die wahre Wirklichkeit aufzuklären und zeichnete dafür ein möglichst genaues Bild des realen Menschen[5], um „die Seele [...] bei ihren geheimsten Operationen zu ertappen".[6] Ein realer Mensch ist kein „Kompendienmensch[en]"[7] für ihn, sondern ein ganzer Mensch, und ein ganzer Mensch ist tugend- und lasterhaft[8], und auch nie wird ein Mensch ohne Laster sein.[9] Er widerspricht mit seinen *Räubern* dem Glauben, dass des Menschen Natur das Streben nach sittlicher Vervollkommnung durch das Streben nach

[1] Schiller, Friedrich: *Die Räuber*. Philipp Reclam jun. GmbH & Co., Stuttgart, 2001. Seite 4, Zeile 5.
[2] Schiller: Seite 7, Zeile 1.
[3] Schiller: Seite 3, Zeile 15.
[4] Schiller: Seite 3, Zeile 8.
[5] Schiller: Seite 3, Zeile 19.
[6] Schiller: Seite 3, Zeile 4.
[7] Schiller: Seite 3, Zeile 25.
[8] Schiller: Seite 5, Zeile 31.
[9] Schiller: Seite 3, Zeile 21-28.

Glückseligkeit sei. Glückselig werde man nach den Aufklärern nur durch Tugendhaftigkeit, jeder Mensch mit Verstand würde dies als vernünftig ansehen und durch diese Einsicht den tugendhaften Weg gehen. Also sei der Mensch im Grunde gut. Doch *Die Räuber* zeigen, dass Verstand ohne Moral und Herz in den Abgrund führt.

Die Aufklärer beschäftigten sich eher mit der Tugend, verurteilten zwar das Laster, jedoch schwächten sie seine Gefahr ab, indem sie daran festhielten, dass erstens trotzdem alles seinen Sinn und seine Ordnung habe und zweitens das Laster notwendigerweise von dieser Welt verschwinden würde, wenn die Menschen nur genug aufgeklärt werden. In Stücken wie *Die zärtlichen Schwester*, *Miss Sara Sampson* und *Minna von Barnhelm* beweisen die Protagonisten große Tugendhaftigkeit und siegen damit über die meist lasterhaften Antagonisten. Schiller jedoch möchte das „Laster [...] stürzen"[10], indem er dessen Ausmaße und „nackte[n] Abscheulichkeit enthüllt"[11], der Zuschauer soll es genau kennenlernen und nachempfinden, vor allem sich seiner eigenen schlechten Seiten bewusst werden.[12] Damit wünscht er auch Empfindsamkeit[13], die die Frühaufklärer so missachteten, z. B. wurden in *Die Pietisterey im Fischbeinrocke* die Pietisten als Schwärmer und dadurch unverständige Menschen verlacht.

Die beiden Protagonisten in *Die Räuber*, Karl und Franz Moor, sind „unmoralische Charakte-re"[14] und besitzen keine Tugend, ganz anders als beispielsweise eine Sara Sampson oder Minna von Barnhelm. Zwar haben Franz und Karl Verstand, welcher in ihnen das Göttliche sei[15], eine Vollkommenheit – und jeder „ganze Mensch" besitze eine Vollkommenheit[16] –, doch umso weniger besitzen sie Herz[17]. Die beiden Brüder aber sind auch untereinander vom Wesen her verschieden: Franz ist von Grund auf böse und besitzt kein Gewissen[18], ei-nem Dämon gleich, Karl hingegen ist zu sehr um Gerechtigkeit bemüht und wird durch Verir-rungen und Selbstüberschätzung zum gefallenen Engel.[19]

---

[10] Schiller: Seite 3, Zeile 29.
[11] Schiller: Seite 3, Zeile 31.
[12] Schiller: Seite 3, Zeile 33.
[13] Schiller: Seite 3, Zeile 35.
[14] Schiller, Seite 5, Zeile 13.
[15] Schiller: Seite 5, Zeile 17.
[16] Schiller: Seite 5, Zeile 31.
[17] Schiller: Seite 5, Zeile 15.
[18] Schiller: Seite 4, Zeile 2.
[19] Schiller: Seite 4, Zeile 17-33.

Mit diesem Stück wollte Schiller die Religion und die Moral an ihren Verächtern und Verlachern rächen.[20] Die Räuber Moor waren dabei die stellvertretend an den Pranger gestellten Sündenböcke.[21] In diesem Punkt stimmt *Die Räuber* mit *Die Pietisterey* grob überein, da bei beiden die christliche Religion eine wichtige Rolle spielt und verteidigt wird.

Gottsched sah das Theater als ein Instrument der Aufklärung und der Vervollkommnung für das Volk, was Schiller genau so sah, wenn auch mit anderen Lehrvorstellungen. *Die Räuber* aber schien ihm für die Bühne ungeeignet[22], da nach damaligen Maßstäben darin „das feinere Gefühl der Tugend beleidigt und die Zärtlichkeit unserer Sitten empört"[23] werden. Außerdem könne der Pöbel die Handlung für eine Verteidigungsschrift zugunsten des Lasters halten[24] und durch die schöne Geschichte Geschmack an diesem finden[25], denn der Pöbel sei „zu kurzsichtig [...], zu kleingeistig [...], zu boshaft"[26], um den Dichter zu verstehen. Und leider, ist dieser der Ansicht, gibt es mehr Pöbel als kluge Leute, in allen Gesellschaftsschichten[27], und „der Pöbel hört nie auf, Pöbel zu sein".[28] Somit sähe es wohl schlecht für die Welt aus, sich aufklärerischem Denken gemäß zu vervollkommnen.

Quellen:

- Schiller, Friedrich: *Die Räuber.* Philipp Reclam jun. GmbH & Co., Stuttgart, 2001.

---

[20] Schiller: Seite 5, Zeile 8.
[21] Schiller: Seite 5, Zeile 10.
[22] Schiller: Seite 3, Zeile 18.
[23] Schiller: Seite 3, Zeile 21.
[24] Schiller: Seite 6, Zeile 20.
[25] Schiller: Seite 6, Zeile 10.
[26] Schiller: Seite 6, Zeile 16.
[27] Schiller: Seite 6, Zeile 13.
[28] Schiller: Seite 6, Zeile 29.